Gery Wolf

Impressionen aus dem STEIRISCHEN WEINLAND

Impressions of the Styrian wine region

ADEVA

FOTOS:

Gery Wolf, Graz

ÜBERSETZUNG EINLEITUNG:

Translingua, Graz

ÜBERSETZUNG BILDTEXTE:

Jennifer Chapman, Graz

Der Einleitungstext wurde freundlicherweise von Weinbaudirektor Ing. Werner Luttenberger zur Verfügung gestellt.

Die Deutsche Bibliothek verzeichnet diese Publikation in der Deutschen Nationalbibliothek; detaillierte bibliografische Angaben sind im Internet über http://dnd.ddb.de abrufbar.

Impressum

Schutzumschlag und Buchgestaltung: Peter Salmutter, Graz
Druck und Bindung: Medienfabrik, Graz

ISBN 978-3-201-01937-8

EINLEITUNG / INTRODUCTION

Das Weinland Steiermark – Land für Genießer ...
Nirgendwo in der Steiermark ist die Auswahl von kulinarischen Köstlichkeiten größer als hier. Da bleiben selbst Legenden wie das echte „Steirische Kürbiskernöl“ oder die steirischen Äpfel ewig aktuell. Frisch-fruchtige Weißweine mit duftigen Aromen und hervorragend vinifizierte Rotweine mit viel Kraft und Fülle sind die Vorzeigeprodukte des Weinlandes, meist gepflegt von Familien, die seit Generationen mit dem Boden verwurzelt sind. Lassen Sie sich jetzt verzaubern und entdecken Sie mit uns die schönsten Plätze unter freiem Himmel.
Leider musste der steirische Wein einen starken Rückgang der Betriebe und auch der Rebfläche hinnehmen. Zwischen 1950 und 1960 gaben mehr als 3.000 Weinbauern die Produktion auf. Ebenso drastisch war zu diesem Zeitpunkt der Rückgang der Rebflächen von 2.700 auf knapp über 2.000 ha. Seit Anfang der 60er Jahre des 20. Jahrhunderts ist in zweierlei Hinsicht eine eindeutige Veränderung zu verzeichnen. Zum einen geht aufgrund betriebswirtschaftlicher Daten und Fakten der Konzentrationsprozess der Betriebe weiter – die steirischen Weinbaubetriebe werden größer. Zum anderen steigt die steirische Rebfläche kontinuierlich an. Die letzten Jahre waren im steirischen Weinbau durch noch größere Veränderungen geprägt. Die wohl größte Veränderung passierte in der Struktur der Weinbaubetriebe. Betrug die Rebfläche im Jahr 1990 noch 2.843 ha, so konnte im Jahr 1998 erstmals die Ernte von über 3.000 ha steirischer Weingärten eingebracht werden, und im Jahr 2001 wurde überhaupt die magische

The wine region of Styria – a haven for true connoisseurs ...
Nowhere else in Styria is there a greater choice of culinary delicacies than here. Here, legends such as genuine "Styrian pumpkin seed oil" or the "Styrian apple" remain eternally popular. Fresh, fruity white wines with fragrant aromas and superbly vinified red wines with great vigour and body are the showcase products of the wine region. In the vast majority of cases, the growers consist of families rooted to the soil for generations. So prepare to be entranced and come along with us on a journey of discovery to the most beautiful places in the open air.

Unfortunately, the Styrian wine-growing industry experienced a serious decline in the number of vintners and in the size of the vineyards in its history. Between 1950 and 1960 over 3,000 wine growers closed down their businesses. Equally drastic at the time was the decrease in the size of the wine-growing areas, from 2,700 ha to barely 2,000 ha. Yet the situation was clearly transformed in two respects from the start of the 1960s. On the one hand, economic and commercial statistics for these years indicate a process of concentration – the Styrian wine-growing businesses became larger. On the other, the amount of land used for wine-growing in Styria increased year after year. The fortunes of wine-growing in Styria have been marked by even greater transformations in recent years. Probably the largest one occurred in the structure of the wineries. For while in 1990 the wine-growing area still consisted of 2,843 ha, the fruit of over 3,000 ha of Styr-

Grenze von 4.000 ha in der Steiermark überschritten. Bei einem Ausflug in das steirische Weinland kann man diese Veränderungen in Form von perfekt gepflegter Landschaft genießen, aber auch die Gründe dafür erkosten.
Im Herbst 2008 wurden in der Steiermark von etwa 2.900 Betrieben ca. 4.300 ha bewirtschaftet, mit 215.000 hl wurde eine der bisher größten Weinernten der Steiermark eingebracht. Nach den aktuellen Erntestatistiken bleibt in der Steiermark das Verhältnis Weißwein zu Rotwein konstant. Der Weißweinanteil beträgt ca. 75%, der Anteil des Schilchers ca. 13% und der Anteil des geernteten Rotweines ca. 12%. Diese Zahlen bestätigen die Tatsache, dass die Steiermark ein Weißweinland war und dies auch bleiben wird, sagen aber wenig über Trends aus.
Auch die steirischen Weinbauern haben sich verändert. Eine Offenheit in Bezug auf Erfahrungsaustausch unter den Weinbauern ist eingekehrt. Dies zeigt sich durch gemeinsames internes Weinverkosten, wo es nicht darum geht, dem Nachbarn – er könnte der Konkurrent am Markt sein – Informationen vorzuenthalten oder ihn gar zu kritisieren, sondern mit ihm konstruktiv über Verbesserungsmöglichkeiten in allen Belangen des Weinbaues und der Kellerwirtschaft zu diskutieren. Eine weitere Folge daraus sind gemeinsame Auftritte auf Messen und Präsentationen, wo die Zusammengehörigkeit und das Streben nach höchster Qualität im Vordergrund stehen.
Die Kleinheit der Rebflächen wird dem steirischen Weinbau zwar immer wieder nachgesagt, Tatsache ist aber, dass die durchschnittliche Anbaufläche von ca. 0,20 ha auf über 1,5 ha angewachsen ist. Im Weinbaugebiet Südsteiermark werden je Betrieb bereits weit mehr als 2 ha Rebfläche bewirtschaftet. Dass trotz dieser rasanten Flächenzunahme der Wein Jahr für Jahr fast vollständig ausgetrunken wird, liegt

ian vineyards was harvested for the first time in 1998 and in 2001 the magic threshold of 4,000 ha was finally crossed in Styria.

On an excursion through the Styrian wine region you can not only enjoy these transformations in the form of a perfectly tended countryside, but also sample the reasons why.

In autumn 2008 about 4,300 ha of soil in Styria were cultivated by some 2,900 wine-growing businesses; the wine harvest yielded 215,000 hectolitres, one of the largest ever to be recorded in the Province. According to the latest statistics for the wine harvest, the proportion of white wine to red wine remains constant in Styria, with white wine accounting for about 75 percent, *Schilcher* approx. 13 percent and the share of red wine set at around 12 percent. These figures confirm the fact that Styria was and will continue to be a white wine region, but reveal little about future trends.

Styrian wine growers have also changed. They have become more willing to an open exchange of experiences among each other. This can be seen in their jointly staged wine-tasting events, where it is not a matter of withholding information from one's neighbour – who could easily be one's market competitor – or even going as far as to criticise him, but of having a constructive discussion with him about possible improvements in an entire range of issues related to wine-growing and cellar management. A further consequence is the growing number of joint appearances at fairs and presentations which emphasise their shared identity and joint efforts to achieve the highest levels of quality.

Styrian viticulture has a persistent reputation for consisting of small wine-growing areas. But the fact

zu einem Gutteil am Ab-Hof-Verkauf und an der Vermarktung über die eigene Buschenschank. Auch heute wird noch mehr als die Hälfte des steirischen Weines direkt bei den Weinbauern gekauft. Ein Vorteil dabei ist, dass der Weinkonsument ein Weineinkaufserlebnis der besonderen Art hat, indem er von „seinem“ Weinbauern betreut wird. Andererseits kann der Weinbauer im Zuge des Gespräches auch Kundenwünsche aufnehmen und so seine „Betriebsphilosophie“ weiterentwickeln. Und mit dem dabei Erfahrenen und Erlebten wird zu Hause das Öffnen einer mitgebrachten Weinflasche zu einem besonderen Ereignis.

Mit all diesen Aktivitäten haben die steirischen Weinbauern es geschafft, den Konsumenten Weine zu kredenzen, die typisch für die Region sind. Die besonderen, teils sehr steilen Lagen bedingen einen großen Aufwand an Handarbeit. Da die Weinbauern für ihren extremen Einsatz kostendeckend wirtschaften müssen, ist ein angepasstes Preisniveau durchaus zu akzeptieren. Nicht kostendeckende Preise würden zur Aufgabe der Weingärten und damit verbunden zur Verödung der Kulturlandschaft führen. Die herrlichen Impressionen im vorliegenden Bildband sind der Beweis dafür, dass sich Qualitätsproduktion lohnt und mit dem Erlös daraus unsere Kulturlandschaft erhalten werden kann.

Die Verantwortlichen für den steirischen Weinbau haben schon früh die Wichtigkeit der Kombination von Wein und Tourismus erkannt. Früher waren es Buschenschänken, heute bieten wir neben einem einzigartigen Weineinkaufserlebnis (Ab-Hof-Verkauf) auch die Möglichkeit, in vielen Weinbaubetrieben zu übernachten. Die Idee, mit den so genannten „Winzerzimmern“ neben den verschiedenen anderen Beherbergungsbetrieben neue Impulse zu setzen, zeigt bereits Wirkung. Die Absicht ist, dem Gast im steirischen Weinland viel Landschaft, Kultur und Eindrücke zu vermitteln.

is that the average area under cultivation has grown from around 0.20 ha to over 1.5 ha. Well over two ha are already under cultivation at each winery in the area of Southern Styria. The fact that the year-on-year production of wine is almost completely consumed despite this rapid increase in the size of the wine-growing areas is due in large part to direct sales at the vineyards and to marketing activities at the traditional wine taverns (the so called Buschenschank). Even today, over half of Styrian wine continues to be purchased directly from the wine growers. One of the advantages in this is that it offers a very special wine purchasing experience: the customer is personally advised and looked after by “his” wine grower. On the other hand, the wine grower can also pick up on customer requests in the course of the conversation, which helps him take his “business philosophy” to the next stage. And opening a wine bottle acquired in this way at home becomes a highly special event when accompanied by the thoughts and memories of such experiences.

With all these activities Styrian wine growers have managed to offer consumers wines which are typical of the region. The special features of the slopes, which are extremely steep in parts, mean that much of the work has to be done by hand. Since the wine growers have to cover the costs of these exceptional circumstances, there is a general willingness to accept higher prices. ‘Below-cost’ pricing would lead to the vineyards becoming abandoned and hence to the degradation of the cultivated landscape. The marvellous impressions in this picture book prove the point that quality production is worthwhile and that our cultural landscape can be preserved with the revenue it generates.

The heads of the Styrian wine-growing industry recognised the importance of combining the wine industry

Trotzdem ist der Tourismus, abgesehen von wenigen Wochen im Herbst, ein sanfter Tourismus geblieben, der für Wanderer und Radfahrer sehr ansprechend ist. Die Folgen sind Zuwächse an Nächtigungen im Weinland, aber auch der forcierte Ab-Hof-Verkauf von Wein. Im Urlaub den Wein zu verkosten und als Erinnerung ein Stück des steirischen Weinlandes mit nach Hause zu nehmen, zu genießen und vielleicht ins steirische Weinland zurück zu kommen, soll das Ziel sein.

Ein weiterer Aspekt ist, dass die steirischen Weinbauern bereit sind, sich bestens ausbilden zu lassen und auf Weiterbildung besonderen Wert legen. Dies geschieht in besonderem Maß seit Jahrzehnten in der Steiermark, indem die Weinbauern aktuelle Kurse und Vorträge besuchen und auch bei der Themenwahl entsprechend mitbestimmen. Die Bildungs- und Weiterbildungswilligkeit hat in den letzten Jahren enorm zugenommen. Weinbauern sind zwar, wenn sie am Markt auftreten, Konkurrenten, sie haben aber gelernt, dass nur die offene Diskussion über den Wein wirklich zur Weiterentwicklung beitragen kann.

Verändert haben sich auch die angepflanzten Rebsorten. Um qualitativ hochwertige Weine zu produzieren, müssen heute die gepflanzten Sorten perfekt dem Standort angepasst sein. Die Steiermark wird auch in Zukunft mit regionaltypischen Sorten wie z. B. mit dem Welschriesling oder dem Schilcher ganz stark am lokalen Markt vertreten sein. Für den internationalen Auftritt sind Sorten wie Sauvignon blanc, Morillon, Muskateller, aber auch der Traminer prädestiniert.

Eine laufende Anpassung erfolgt beim Weinstil. Waren früher Weine mit hoher Säure gefragt, so änderte sich auf Anregung von Konsumenten der Stil in Richtung reifere und durch weniger Säure bekömmlichere Weine. Bereits jetzt hat der Genießer des steirischen Weines die Wahl zwischen klassisch ausgebauten Weinen,

with tourism at an early stage. At first, the focus was on traditional wine taverns (*Buschenschank*), but today we offer visitors the opportunity to stay overnight at many winegrowing estates as well as the unique experience of purchasing wine straight from the vineyard. The idea of generating a new revenue stream by offering so-called "vintner rooms" alongside various other accommodation establishments is already making an impact. The intention is to convey lots of countryside, culture and impressions to visitors to the Styrian wine region.

Even so, apart from a few weeks in autumn, tourism remains a kind of environmentally friendly tourism which has proved highly attractive for hikers and cyclists alike. It has resulted in an increased number of overnight stays in the wine region as well as enhanced sales of wine directly from the vineyards. The aim is to provide visitors with an opportunity to sample locally grown wines on holiday, to take a piece of the Styrian wine region home with them as a souvenir, to enjoy the wines and perhaps to return to the Styrian wine region at some stage in the future.

A further aspect is that the Styrian wine growers are prepared to make the most of training opportunities, so they attach particular importance to further education. This has been particularly noticeable for decades in Styria: the wine growers attend the latest courses and presentations, and also have their say in the choice of topics to be explored. Their willingness to avail themselves of educational and training opportunities has increased enormously in recent years. Although wine growers are competitors when they trade on the open market, they've come to learn that only a frank and open discussion about wine can really contribute to the further development of the industry.

die frisch und fruchtig sind, und den kräftig fruchtigen, weichen und lange lagerfähigen Lagenweinen.
Es gibt Landschaften, deren Anziehungskraft sich keiner entziehen kann. Ein solches Traumziel ist das steirische Weinland. Nirgendwo anders gibt es so eine geballte Vielfalt von Lebenslust und Erholungswert. Inmitten der Weinberge wird man in den zahlreichen Buschenschänken und Wirtshäusern vortrefflich bedient und mit fantastischen Gerichten verwöhnt – dazu reicht man fruchtige Weine wie Welschriesling, Sauvignon oder Muskateller.

Weinbaudirektor Ing. WERNER LUTTENBERGER

The varieties of grape which are now planted have also changed. In order to produce high quality wines today, the varieties have to be perfectly matched to local conditions where they are planted. In the local market, Styria will continue to be heavily represented by the region's typical varieties such as *Welschriesling* or *Schilcher*. Varieties such as *Sauvignon blanc*, *Morillon*, *Muskateller* or *Traminer* are predestined for the export market.

The style of the wine is also undergoing constant adaptation. The preference used to be for high acid wines, but at the suggestion of customers the style has changed towards more mature wines with less acidity, making them lighter and more digestible. Styrian wine enthusiasts now have the choice between classically matured and refined wines which are fresh and fruity, and the *Lagenweine* – or wines from classified sites – which are extremely fruity, smooth and can be stored for a long time.

There are landscapes whose appeal is utterly irresistible. The Styrian wine region is one such dream destination. Nowhere else is filled with such an enormous variety of *joie de vivre* and recreational value. In many inns and wine taverns, right in the middle of the vineyards, you'll come across excellent service and irresistible fare – all accompanied by fruity wines such as *Welschriesling*, *Sauvignon* or *Muskateller*.

Morgendlicher Start auf der Schilcherweinstraße.

Early morning on Schilcherweinstrasse.

Frühlingserwachen im steirischen Weinland.

Awakening of spring in the Styrian wine area.

Sommer im Weinland.

Summer in the wine region.

Stillleben im Weinland.

Still life in the wine region.

Das Weinland rund um Klöch.

The wine region around Klöch.

Gefühlte Weinlandschaft am späten Nachmittag.

Romantic wine-growing landscape in late afternoon.

Überall im Weinland wird auf Blumenschmuck geachtet.

Beautiful flowers to be seen everywhere in wine-growing area.

Die Schilcherhochburg Hochgrail bei Stainz.

The heartland of Schilcher: Hochgrail near Stainz.

Die Lage „Theres" mit Kapelle im Sausal.

The site of "Theres" with chapel in Sausal.

Entspannen und genießen
im steirischen Weinland.

Relaxing and enjoying in
Styrian wine-growing
country.

Rechts:
Sanfte Weinlandhügel
bei Gamlitz.

Right:
Soft rolling hills near Gamlitz.

Uriger Buschenschank in
St. Ulrich im Greith.

Rustic Buschenschank in
St. Ulrich im Greith.

Blick von Mitterberg im Sausal Richtung Kitzeck.

View from Mitterberg in Sausal direction Kitzeck.

Winzerhäuschen bei Langegg.

Small winery near Langegg.

Links:
Blick vom Rebenhof.

Left:
View from Rebenhof.

Sonnenblumen in der Weinlandschaft bei Steinbach.

Sunflowers amongst wine-growing landscape near Steinbach.

Weinhänge am
Hochgrassnitzberg.

Wine hillsides in
Hochgrassnitzberg.

Herbststimmung an der
Südsteirischen Weinstraße.

Autumn atmosphere in the
South Styrian Weinstrasse.

Abendstimmung bei Straden.

Evening atmosphere near Straden.

Abendspaziergang im oststeirischen Weinland.

Evening walk in east Styrian wine-growing country.

Links:
Die drei Kirchtürme – das Wahrzeichen von Straden bei Nacht.

Left:
The three steeples – landmark from Straden at night.

Der frühe Morgen lässt die Landschaft in zarten Pastellfarben erwachen.

Early morning awakens the landscape with soft pastel colours.

Morgennebelfelder
durchziehen das Weinland.

Morning fog throughout
wine-growing country.

Der Hochgrassnitzberg bei Spielfeld.

Hochgrassnitzberg near Spielfeld.

Der Herbstbeginn bereitet die malerische Färbung der Blätter vor.

The start of autumn paints the landscape in vivid colours.

Rechts:
Die Weinlandkapelle aus anderer Perspektive.

The chapel in wine country from another vista.

Weinhänge mit Klapotetz
im vollen Herbstkleid.

Wine hillsides with
Klopotec fully dressed in
autumn colours.

Der Herbst mischt kräftige Farben in die Weingärten.

Autumn fuses together robust colours in vineyards.

Spätherbst bei Steinbach.

Late autumn near Steinbach.

Herbstliches Stillleben mit Schilchersturm.

Autumn still life with Schilchersturm.

Brettljause – die begehrte Speise im Buschenschank.

Brettljause – the covered food of the Buschenschank.

Links:
Grafisches Farbenspiel im herbstlichen Weinland.

Left:
Graphic play of colours in autumn wine region.

Farbenpracht im Spätherbst.

Blazing colours in late autumn.

Rechts:
Die Kapelle in Kapfenstein.

Right:
The chapel in Kapfenstein.

Landschaftsspiegelung im
Schilcherglas.

Landscape reflection in a glass of Schilcher.

Der größte Klapotetz der
Welt im Sausal.

The largest Klopotec of the
world in Sausal.

Erste Sonnenstrahlen an der Südsteirischen Weinstraße beim Rebenhof.

First rays of sun in the South Styrian Weinstrasse near Rebenhof.

Spätherbst an der Südsteirischen Weinstraße bei Ratsch.

Late autumn in the South Styrian Weinstrasse near Ratsch.

Noch einmal entfaltet der Herbst seine volle Farbenpracht, bevor der Winter Einzug hält.

Blazing colours of autumn strike one more time before the winter sets in.

Weintrauben vor der Lese und Puttenträger Christian Kugel in steilem Gelände.

Grapes before the harvest and "Puttenträger" Christian Kugel in steep countryside.

Rechts:
„Weinlandmalerei“ mit Blick auf St. Stefan ob Stainz.

Right:
"Weinlandmalerei" with view from St. Stefan on Stainz.

Alte Jahrgänge im Schlossweinkeller Seggauberg.

Aged vintages in the wine cellar of the castle Seggauberg.

Die morgendlichen Nebelschwaden lichten sich an der Südsteirischen Weinstraße.

Morning mist of fog lifting in South Styrian Weinstrasse.

Schilcher vor (oben) und nach der Lese (unten).

Schilcher before (above) and after harvest (below).

Links:
Weinhänge im Spätherbst.

Wine hillsides in late autumn.

Winzerhäuschen
im Weinberg.

Small winery in a vineyard.

Rechts:
Weinlandschaft bei Sernau.

Right:
Wine-growing landscape
near Sernau.

Gut behütete Weinflaschen und stimmungsvoller Weinkeller von Otto Riegelnegg.

Well preserved wine bottles and atmospheric wine cellar of Otto Riegelnegg.

In rosa Farben getauchte Schilcherlandschaft kurz nach Sonnenaufgang.

Schilcher landscape beathed in rosy colours shortly after sunrise.

Kapfenstein mit Schloss
und Weingarten der Familie
Winkler-Hermaden.

Kapfenstein with castle
and vineyard of the family
Winkler-Hermaden.

Moderne Weinland-
architektur im Hause Tement,
Berghausen.

Modern architecture of the
wine country: house Tement,
Berghausen.

Weinlandarchitektur,
Weingut Gross.

Architecture of the wine
country: winery Gross.

Salzwasserpool mit Weinlandschaft beim Kappel in Kitzeck.

Saltwater pool with wine-growing landscape: winery Kappel in Kitzeck.

Zwei kühne Beispiele
der modernen Weinland-
architektur:
das Weingut Schilhan (oben)
und das Weingut Lackner-
Tinnacher (unten).

Two bold examples of the
modern architecture of the
wine-growing country:
winery Schilhan (above) and
winery Lackner-Tinnacher
(below).

SCHILHAN

Weingut Neumeister
in Straden und ein
stimmungsvolles Weinglas
(unten).

Winery Neumeister in
Straden and an atmospheric
glass of wine (below).

Flaschenkeller im Weingut
Lackner-Tinnacher.

Wine bottles in the winery
Lackner-Tinnacher

Alte und neue Weinlandarchitektur an der Südsteirischen Weinstraße.

Old and new architecture of the wine-growing region in South Styrian Weinstrasse.

Wintergrafik bei Steinbach.

Winter graphic near Steinbach.

Weingärten im Winterkleid.

Vineyards with snow
covered in winter.

Festlicher Höhepunk
im Herbst – das Gamlitzer
Weinlesefest.

Festive highlight of autumn –
the wine harvesting celebration
in Gamlitz.

KALEIDOSKOP / KALEIDOSCOPE

Die Südsteiermark-Classic – eine Oldtimerfahrt durch die Weinlandschaft.

The South Styrian-Classic – an Old-timers drive through the wine-growing country.

G 555 GG

Die sieben steirischen Klassik-Winzer von links nach rechts: Neumeister, Winkler-Hermaden, Tinnacher, Gross, Tement, Polz, Sattler.

The seven Styrian classic wine growers from left to right: Neumeister, Winkler-Hermaden, Tinnacher, Gross, Tement, Polz, Sattler.

Die Liedermacherin Betty O. ist mit ihren „Gstanzln" am Weinberg nicht mehr wegzudenken.

The songwriter Betty O. with her "Gstanzln" in Weinberg is unforgettable.

Oben:
Grandseigneur Sigfried Melcher, das Urgestein von Schloss Gamlitz.

Above:
"Grandseigneur" Sigfried Melcher of Schloss Gamlitz.

Unten:
Klassik-Winzer Alois Gross – Fachgespräche und Weinverkostung.

Below:
Classic wine grower Alois Gross – expert wine discussions and wine tasting.

Das Weinland mit dem
Cabrio genießen.

Enjoying the wine country in
a convertible.

Herbstzeit – „Sturm"-Zeit.

Autumn time is also "Sturm" time.

Sie gehören einfach dazu:
frisch geröstete Kastanien.

Fresh roasted chestnuts:
also an important part
of the Styrian wine culture in
autumn.

2848
2031
2847
2457
2695
2650
2371
2391
2128
2244
2273
2800

Der „Welschlauf", die große Herausforderung für Marathonläufer, wo auch der Spaß nicht zu kurz kommt.

The "Welschlauf", the great challenge for a marathoner and also no shortage of fun.

„Sämling"-Spezialist Rudolf Pilch bei der Verkostung des neuen Jahrganges.

"Sämling"-specialist Rudolf Pilch at the wine tasting of the new vintage.

Weinlaube mit Weinschloss Thaller in Maierhofbergen.

Vine leaves at the castle winery Thaller in Maierhofbergen.

Weinlandwandern erfreut sich immer größerer Beliebtheit.

Hiking in wine country enjoys evermore popularity.

Links:
Ausgedehnte Radtouren führen durch das Weinland.

Left:
Extensive bicycle tours throughout wine country.

Das Winzerfest und Junker-Erstpressfest in Bad Waltersdorf.

The wine-growers festival and "Junker" wine pressing festival in Bad Waltersdorf.

In der Buschenschank Germuth spielt der Junior mit seiner Harmonika immer wieder gern ein Ständchen.

In Buschenschank Germuth, the young son of the family serenades on his harmonica with great pleasure.

Die Sommerfestspiele in Gamlitz bei den Schilhans.

Summer festival in Gamlitz at the Schilhan winery.

„Weinsteirern" – der lustige Tanzboden am Stermetzberg.

"Weinsteirern" – the amusing dancehall in Stermetzberg.

Ein Unikum an der Südsteirischen Weinstraße – der „Samenkönig".

An original character from the South Styrian Weinstrasse – the "Samenkönig".

Der steirische Junker hat sich längst etabliert.

The Styrian "Junker" wine is well-established.

Raritätenversteigerung
beim Klassik-Fest.
Hier ein Eiswein 1986 von
Fritz Tinnacher.

Rare wine at the "Klassik-Fest"-auction: here a 1986 ice wine from Fritz Tinnacher.

Klassik-Winzer Fritz Tinnacher bei einer Weinverkostung.

Classic wine grower Fritz Tinnacher at a wine tasting.

Links:
„Ob er gut ist?",
Winzer Johann Jöbstl.

Left:
"Is it a good?",
wine grower Johann Jöbstl.

Rechts:
Roland Repolusk verkostet seinen neuen Jahrgang.

Right: Roland Repolusk tastes his new vintage.

Unten links:
Franz Strohmeier kontrolliert die Traubenblüte.

Below left:
Franz Strohmeier inspects grape blossoms.

Unten rechts:
Mister „Schilcher-Frizzante" Christian Lamberg, ein Wegbereiter des Frizzante und Schilchersektes.

Below right:
Mister "Schilcher-Frizzante" Christian Lamberg, a pioneer of the Frizzante and Schilchersekt.

Die Emmauswinzer präsentieren jeden Ostermontag ihre Schilcherspezialitäten.

The Emmauswinzer present their Schilcher specialities every Easter Monday.

Tag der offenen Kellertür – Verkostung bei Wilfried Schilhan.

Wine cellar openhouse day – wine tasting at Wilfried Schilhan.

Gute Laune bei Renate und Walter Polz.

Renate and Walter Polz enjoy a good mood.

Jungwinzer Hannes Gross.

Young wine grower Hannes Gross.

Klassik-Winzer Manfred Tement in seinem Barriquekeller.

Classic wine grower Manfred Tement in his Barrique cellar.

Weinkellerführung beim Klassik-Winzer Willi Sattler.

Wine cellar tour with classic wine grower Willi Sattler.

Links:
Vier „Klassiker" – Manfred Tement, Willi Sattler, Erich Polz und Albert Neumeister.

Left:
Four "Classics": Manfred Tement, Willi Sattler, Erich Polz und Albert Neumeister.

Jungwinzerin Kathi Tinnacher, eine Expertin im modernen Weinbau.

Young wine grower Kathi Tinnacher, an expert in modern vinticulture.